Impressum
Verlag: BABADADA GmbH, Nedderfeld 112 , 22529 Hamburg
Geschäftsführer / Verlagsleitung: Harald Hof
Druck: Books on Demand GmbH, In de Tarpen 42, 22848 Norderstedt

Imprint
Publisher: BABADADA GmbH, Nedderfeld 112 , 22529 Hamburg, Germany
Managing Director / Publishing direction: Harald Hof
Print: Books on Demand GmbH, In de Tarpen 42, 22848 Norderstedt

اسکول

colegio

تقسیم کریں
dividir
186/2
بورڈ
pizarrón
کمرہ جماعت
aula
سکول کا صحن
patio de escuela
أستاد
maestro
کاغذ
papel
لکھنا
escribir
قلم
birome
میز
escritorio
پیمانہ
regla
کتاب
libro
شاگرد
alumno

بستہ

mochila

پینسل کیس

caja de lápices

پینسل

lápiz

پینسل شارپنر

sacapuntas

ربڑ

goma (de borrar)

ڈرائنگ پیڈ

bloc de dibujo

ڈرائنگ

dibujo

پینٹ برش

pincel

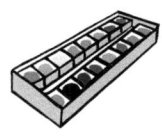

پینٹ باکس

caja de pinturas

قینچی

tijera

گوند

pegamento

مشق کی کاپی

cuaderno de ejercicios

ہوم ورک

tarea

12

ہندسہ

número

2+2

جمع کریں

sumar

5-2

منفی کریں

restar

2×2

ضرب دیں

multiplicar

شمارکریں

calcular

A

خط

letra

ABCDEFG
HIJKLMN
OPQRSTU
VWXYZ

حروف تہجی

abecedario

لفظ

palabra

متن

texto

پڑھنا

leer

چاک

tiza

سبق

lección

اندراج

cuaderno de clase

امتحان

examen

سند

certificado

سکول یونیفارم

uniforme escolar

تعلیم

educación

انسائیکلوپیڈیا

enciclopedia

یونیورسٹی

universidad

خورد بین

microscopio

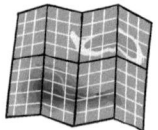

نقشہ

mapa

ویسٹ پیپرباسکٹ

tacho (de basura)

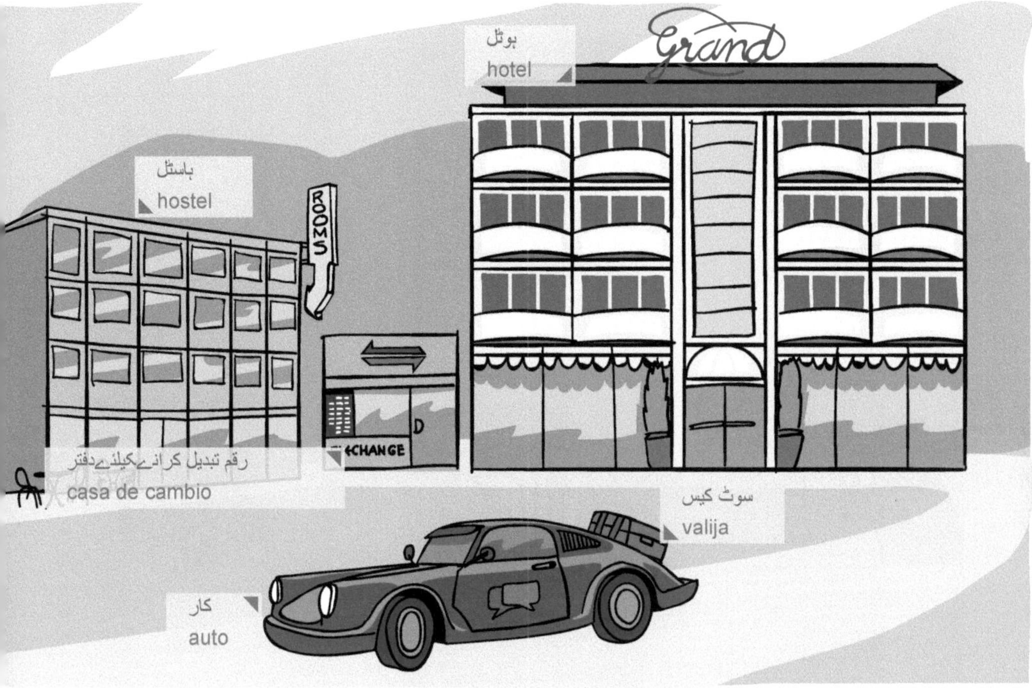

ہوٹل
hotel
Grand
ہاسٹل
hostel
ROOMS
EXCHANGE
رقم تبدیل کرانے کیلئے دفتر
casa de cambio
سوٹ کیس
valija
کار
auto

زبان

idioma

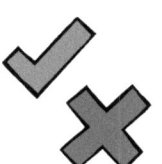

ہاں / نہیں

sí / no

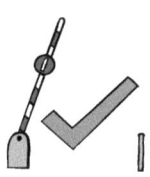

ٹھیک ہے

Está bien

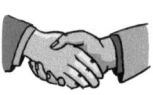

ہیلو

hola

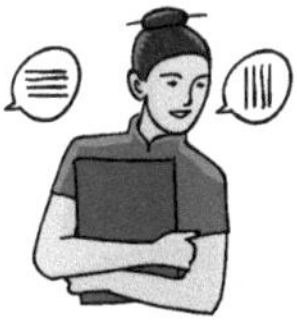

مُترجم

traductor

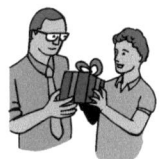

شُکریہ

Gracias

‫...‬ ‫کی کیا قیمت ہے؟‬

¿cuánto cuesta…?

‫میں نہیں سمجھتا‬

No entiendo

‫مشکل‬

problema

‫شام بخیر!‬

¡Buenas tardes!

‫صبح بخیر!‬

¡Buenos días!

‫شب بخیر!‬

¡Buenas noches!

‫الوداع‬

adiós

‫سمت‬

dirección

‫سفری سامان‬

equipaje

‫بیگ‬

bolso

‫بیگ پیک‬

mochila

‫مہمان‬

invitado

‫کمرہ‬

habitación

‫سلیپنگ بیگ‬

bolsa de dormir

‫ٹینٹ‬

carpa

سياحوں کے لئے معلومات

información turística

ساحل

playa

کریڈٹ کارڈ

tarjeta de crédito

ناشتہ

desayuno

لنچ

almuerzo

ڈنر

cena

ٹکٹ

pasaje

لفٹ

ascensor

مُہر

sello

سرحد

frontera

کسٹمز

aduana

سفارت خانہ

embajada

ویزا

visa

پاسپورٹ

pasaporte

نقل وحمل
transporte

ہوائی جہاز
avión
سمندری جہاز
barco
آگ بُجھانےوالی گاڑی
autobomba
بس
colectivo
ٹرک
camión
موٹربوٹ
lancha a motor
سائیکل
bicicleta
کار
auto

فیری
ferry

کشتی
bote

موٹرسائیکل
moto

پولیس کار
patrullero

ریسنگ کار
auto de carreras

کرایہ پرکار
auto de alquiler

کار کا اشتراک کرنا

alquiler de autos

کھینچنے والا ٹرک

grúa

کوڑے والا ٹرک

camión de basura

کار

motor

ایندھن

nafta

پٹرول اسٹیشن

estación de servicio

ٹریفک کے نشانات

señal de tránsito

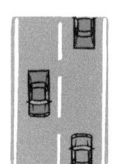

ٹریفک

tránsito

ٹریفک جام

embotellamiento

کار پارک

estacionamiento

ٹرین اسٹیشن

estación de tren

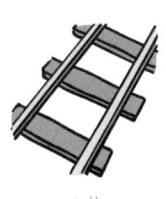

پٹڑیاں

vías

ٹرین

tren

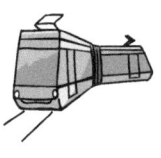

ٹرام

tranvía

ویگن

vagón

ہیلی کاپٹر

....

helicóptero

ائرپورٹ

....

aeropuerto

ٹاور

....

torre

مسافر

....

pasajero

کنٹینر

....

contenedor

ڈبہ

....

caja de cartón

ریڑھا

....

carretilla

ٹوکری

....

canasta

اُڑان بھرنا / زمین پراُترنا

....

despegar / aterrizar

شہر

ciudad

گاؤں

....

pueblo

سٹی سنٹر

....

centro de ciudad

مکان

....

casa

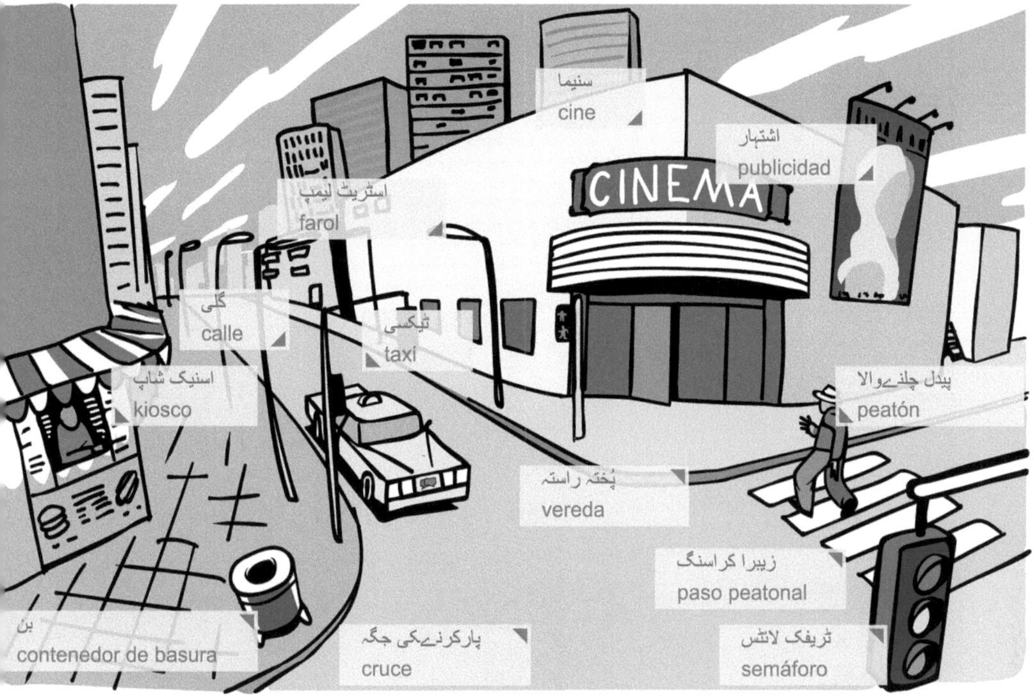

سنیما
cine
اشتہار
publicidad
CINEMA
اسٹریٹ لیمپ
farol
گلی
calle
ٹیکسی
taxi
اسنیک شاپ
kiosco
پیدل چلنے والا
peatón
پُختہ راستہ
vereda
زیبرا کراسنگ
paso peatonal
بن
contenedor de basura
پارکرنے کی جگہ
cruce
ٹریفک لائٹس
semáforo

ہٹ

cabaña

فلیٹ

departamento

ٹرین اسٹیشن

estación de tren

ٹاؤن ہال

municipalidad

عجائب گھر

museo

اسکول

colegio

يونيورسٹی

universidad

بینک

banco

ہسپتال

hospital

ہوٹل

hotel

فارمیسی

farmacia

دفتر

oficina

کتابوں کی دکان

librería

دکان

negocio

پھولوں کی دُکان

florería

سُپرمارکیٹ

supermercado

مارکیٹ

mercado

ڈیپارٹمنٹ سٹور

grandes tiendas

مچھلی کی دُکان

pescadería

شاپنگ سنٹر

centro comercial

بندرگاہ

puerto

پارک
....
parque

بنچ
....
banco

پُل
....
puente

سیڑھیاں
....
escaleras

انڈرگراؤنڈ
....
subte

سرُنگ
....
túnel

بس اسٹاپ
....
parada del colectivo

شراب خانہ
....
bar

ریسٹورنٹ
....
restaurante

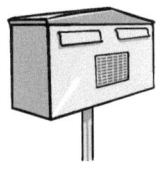

پوسٹ باکس
....
buzón

اسٹریٹ سائن
....
letrero

پارکنگ میٹر
....
parquímetro

چڑیا گھر
....
zoológico

سوئمنگ پول
....
pileta

مسجد
....
mezquita

کھیت
....
granja

آلودگی
....
contaminación

قبرستان
....
cementerio

چرچ
....
iglesia

کھیل کا میدان
....
juegos infantiles

مندر
....
templo

منظر
paisaje

پتہ
hoja
رہنمائی کے لئے لگا ہوا بورڈ
poste indicador
راستہ
camino
سبزہ زار
pradera
پتھر
piedra
پیدل چلنے والا، ہائکر
excursionista
درخت
árbol
دریا
río
گھاس
hierba
پھول
flor

وادی

valle

پہاڑی

montaña

جھیل

lago

جنگل

bosque

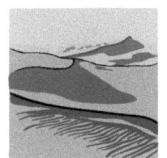

صحرا

desierto

آتش فشاں

volcán

قلعہ

castillo

قوس قزح

arco iris

کھمبی

champiñón

کجھور کا درخت

palmera

مچھر

mosquito

مکھی

mosca

چیونٹی

hormiga

مکھی

abeja

مکڑا

araña

بھونرا

escarabajo

مینڈک

rana

گلہری

ardilla

خارپُشت

erizo

خرگوش

liebre

اُلو

lechuza

پرندہ

pájaro

راج ہنس

cisne

سؤر

jabalí

ہرن

ciervo

امریکی بارہ سنگھا

alce

ڈیم

presa

ہوا سےچلنےوالی ٹربائین

aerogenerador

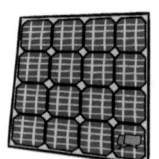

سولرپینل

panel solar

آب وہوا

clima

ویٹر
mozo
مینیو
menú
کُرسی
silla
سوپ
sopa
پیزا
pizza
کٹلری
cubiertos
ٹیبل کلاتھ
mantel

اسٹارٹر

entrada

مین کورس

plato principal

ڈیزرٹ

postre

مشروبات

bebidas

کھانےکی اشیاء

comida

بوتل

botella

فاسٹ فوڈ

comida rápida

اسٹریٹ فوڈ

comida callejera

چائےدانی

tetera

شوگرباکس

azucarera

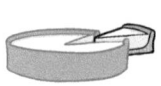

حصہ

porción

ایسپریسو مشین

cafetera expreso

اونچی کُرسی

sillita alta

بل

cuenta

ٹرے

bandeja

چھُری

cuchillo

کانٹا

tenedor

چمچ

cuchara

چائےکا چمچ

cucharita

سرویئیٹی

servilleta

شیشہ

vaso

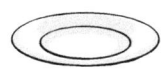

پلیٹ
....
plato

سوپ پلیٹ
....
plato hondo

طشتری
....
plato

چٹنی
....
salsa

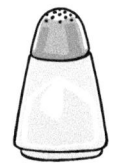

سالٹ شیکر
....
salero

پیپرمل
....
molinillo de pimienta

سرکہ
....
vinagre

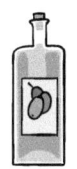

خوردنی تیل
....
aceite

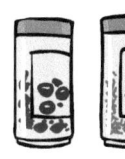

مصالحے
....
especias

کیچپ
....
kétchup

سرسوں
....
mostaza

میئونیز
....
mayonesa

سُپرمارکیٹ

supermercado

خصوصی پیشکش
oferta especial
گاہک
cliente
ڈیری
lácteos
پھل
fruta
ٹرالی
changuito

گوشت کی دُکان

carnicería

بیکری

panadería

وزن کرنا

pesar

سبزیاں

verduras

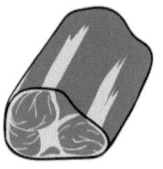

گوشت

carne

جما ہوا کھانا

alimentos congelados

کولڈ کٹس

fiambres

ڈبے میں بند کھانا

alimentos enlatados

واشنگ پاؤڈر

detergente en polvo

مٹھائیاں

golosinas

گھریلو مصنوعات

electrodomésticos

صاف کرنے کیلئے مصنوعات

productos de limpieza

سیلز پرسن

vendedora

کیش رجسٹر

caja

کیشئیر

cajero

خریداری کی فہرست

lista de compras

اوقات کار

horario de atención

بٹوہ

billetera

کریڈٹ کارڈ

tarjeta de crédito

تھیلا

cartera

پلاسٹک کے تھیلے

bolsa de plástico

مشروبات

bebidas

پانی

agua

جوس، رس

jugo

دودھ

leche

کوک

bebida cola

وائن

vino

بیئر

cerveza

الکوحل

alcohol

کوکوآ

cacao

چائے

té

کافی

café

ایسپریسو

café expreso

کپاچینو

cappuccino

کھانےکی اشیاء
comida

کیلا

banana

سیب

manzana

مالٹا

naranja

خربوزہ

melón

لیموں

limón

گاجر

zanahoria

لہسن

ajo

بانس

bambú

پیاز

cebolla

کھُمبی

champiñón

اخروٹ، بادام وغیرہ

nueces

نوڈلز

fideos

اسپیگیٹی

tallarines

چاول

arroz

سلاد

ensalada

چپس

papas fritas

تلے گئے آلو

papas fritas

پیزا

pizza

ہیم برگر

hamburguesa

سینڈوچ

sándwich

کٹلیٹ

churrasco

سؤرکی ران کا گوشت

jamón

گوشت کی اطالوی ساسیج

salame

ساسیج

salchicha

مُرغی

pollo

روسٹ

asado

مچھلی

pescado

جئی کا دلیہ

copos de avena

میوزلی

muesli

کارن فلیکس

copos de maíz

آٹا

harina

کروئیسنٹ

medialuna

بریڈ رول

pancito

بریڈ

pan

ٹوسٹ

tostada

بسکٹ

galletitas

مکھن

manteca

دہی

cuajada

کیک

torta

انڈا

huevo

فرائی کیا گیا انڈہ

huevo frito

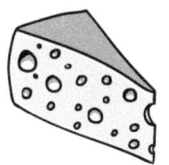

پنیر

queso

آئس کریم

helado

چینی

azúcar

شہد

miel

جام

mermelada

ناؤگٹ کریم

pasta de chocolate

سالن

curry

کھیت

granja

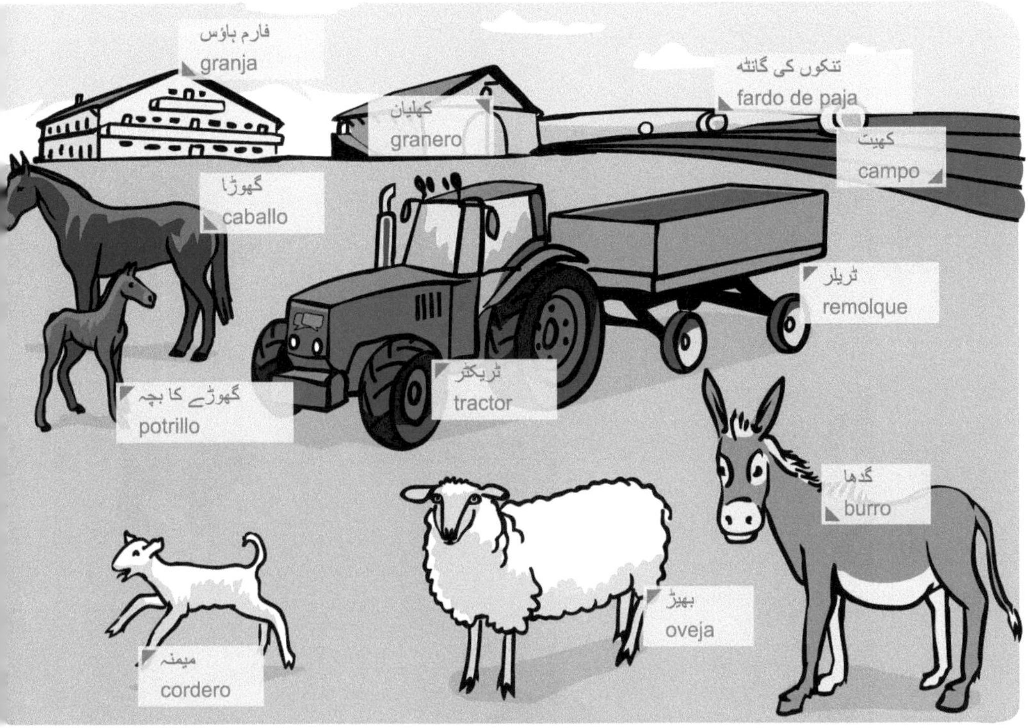

فارم ہاؤس
granja
کھلیان
granero
تنکوں کی گانٹھ
fardo de paja
کھیت
campo
گھوڑا
caballo
ٹریلر
remolque
ٹریکٹر
tractor
گھوڑے کا بچہ
potrillo
گدھا
burro
بھیڑ
oveja
میمنہ
cordero

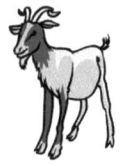

بکری

cabra

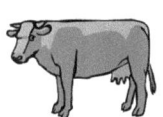

گائے

vaca

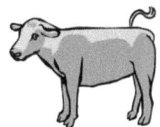

بچھڑا

ternero

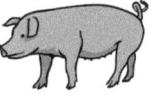

سؤر

cerdo

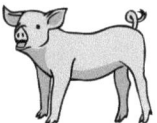

سؤر کا بچہ

lechón

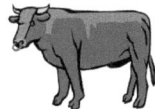

سانڈ

toro

راج ہنس
....
ganso

بطخ
....
pato

چوزہ
....
pollo

مُرغی
....
gallina

مُرغا
....
gallo

چوہا
....
rata

بلی
....
gato

چوہا
....
ratón

بیلچہ
....
buey

کُتا
....
perro

کُتے کا گھر
....
cucha

گارڈن ہاؤس
....
manguera

پانی کا کین
....
regadera

درانتی
....
guadaña

ہل
....
arado

درانتی

hoz

بیلچہ

azada

ترنگل

horquilla

کلہاڑا

hacha

ہتہ گاڑی

carretilla

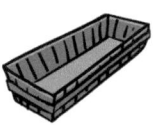

حوض

abrevadero

دودھ کا کین

lechera

تھیلا

bolsa

باڑ

reja

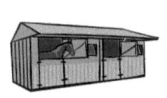

اصطبل

establo

گرین ہاؤس

invernadero

مٹی

suelo

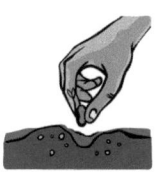

بیج

semilla

فرٹیلائیزر

fertilizador

کمبائن ہارویسٹر

cosechadora

فصل کاٹنا

cosechar

فصل کاٹنا

cosecha

افریقی آلو

batatas

گندم

trigo

سویا

soja

آلو

papa

مکئی

maíz

توریا کا تیل

semilla de colza

پھلدار درخت

árbol frutal

کساوا

mandioca

دلیہ

cereales

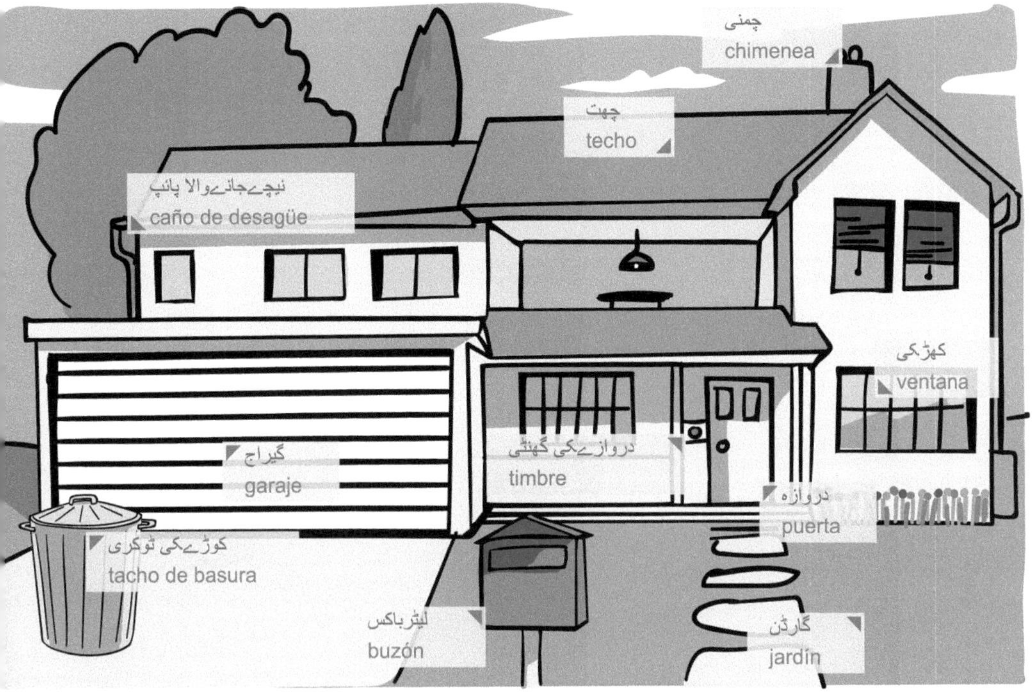

چمنی
chimenea
چھت
techo
نیچےجانےوالا پائپ
caño de desagüe
کھڑکی
ventana
گیراج
garaje
دروازےکی گھنٹی
timbre
دروازہ
puerta
کوڑےکی ٹوکری
tacho de basura
لیٹرباکس
buzón
گارڈن
jardín

لوونگ روم

living

غُسل خانہ

baño

باورچی خانہ

cocina

بیڈروم

dormitorio

بچوں کا کمرہ

cuarto de los chicos

کھانےکا کمرہ

comedor

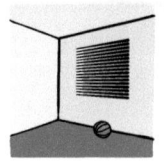

فرش

piso

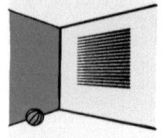

دیوار

pared

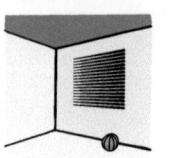

چھت

cielorraso

تہ خانہ

sótano

سوانا

sauna

بالکونی

balcón

ٹیریس

terraza

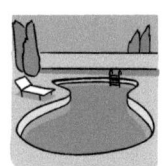

پول

pileta

گھاس کاٹنے کی مشین

cortadora de pasto

چادر

sábana

چادر

acolchado

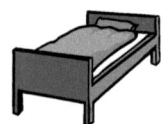

بستر

cama

جھاڑو

escoba

بالٹی

balde

سوئچ

interruptor

لوونگ روم
living

وال پیپر
empapelado
تصویر
imagen
لیمپ
lámpara
شیلف
estante
الماری
armario
ٹیلی ویژن
televisión
آتش دان
chimenea
پھول
flor
almohadón
صوفہ
sofá
گلدان
florero
ریموٹ کنٹرول
control remoto

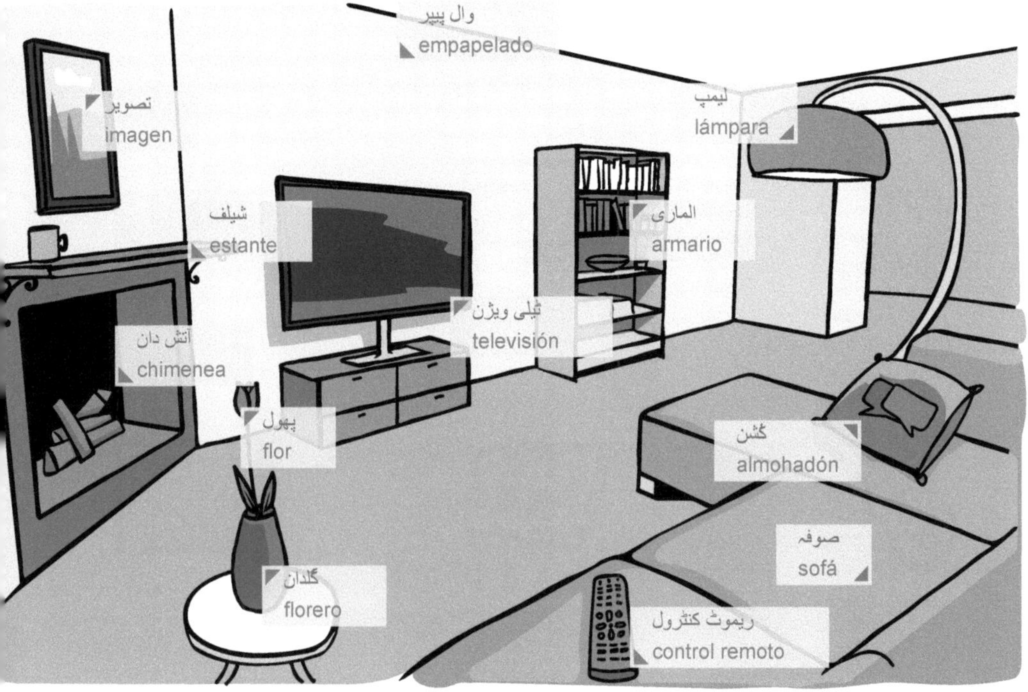

قالین

alfombra

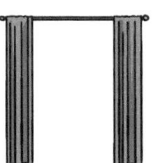

پردے

cortina

میز

mesa

کُرسی

silla

ہلنے والی کُرسی

mecedora

آرام کُرسی

sillón

کتاب
libro

کمبل
frazada

آرائش
decoración

جلانےکی لکڑی
leña

فلم
película

ہائی فائی
equipo de música

چابی
llave

اخبار
diario

پینٹنگ
pintura

پوسٹر
póster

ریڈیو
radio

نوٹ بُک
cuaderno

ویکیوم کلینر
aspiradora

کیکٹس
cactus

موم بتی
vela

باورچی خانہ
cocina

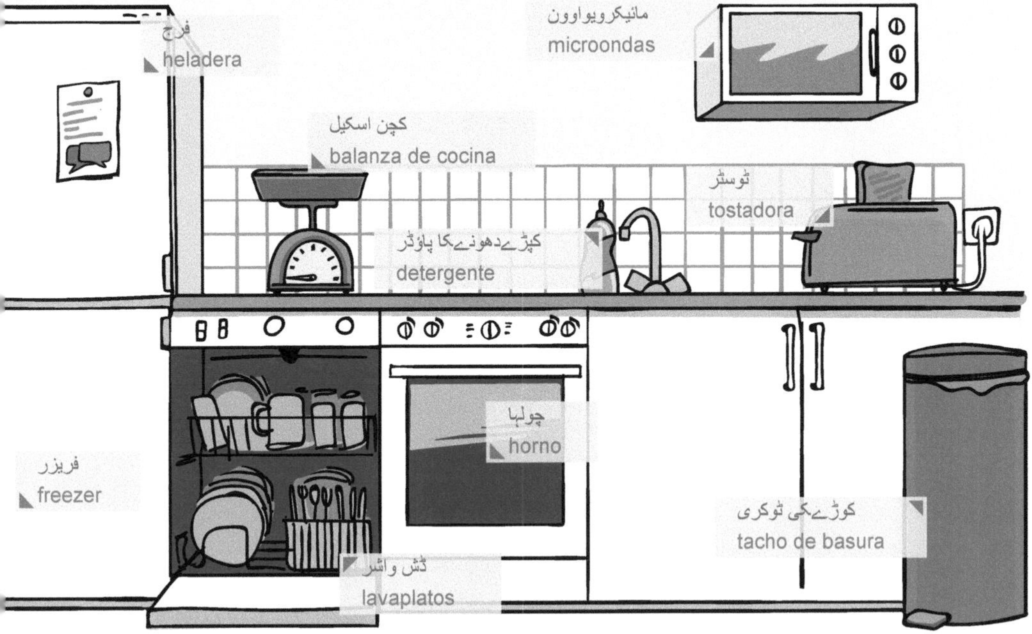

فرج
heladera
مائیکرویواوون
microondas
کچن اسکیل
balanza de cocina
ٹوسٹر
tostadora
کپڑے دھونے کا پاؤڈر
detergente
چولہا
horno
فریزر
freezer
کوڑے کی ٹوکری
tacho de basura
ڈش واشر
lavaplatos

ککر

cocina

برتن

olla

لوہے کا برتن

olla de hierro fundido

کڑاہی

wok

برتن

sartén

کیتلی

pava

استیمر

vaporera

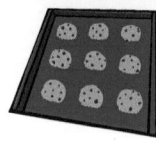

بیکنگ ٹرے

bandeja de horno

کراکری

vajilla

مگ

taza

پیالہ

bol

چاپ اسٹکس

palitos

ڈوئی

cucharón

کفچہ

estpátula

جھاڑودینا

batidora

مقطر

colador

چھلنی

colador

گریٹر

rallador

کونڈی

mortero

باربی کیو

parrilla

کھُلی آگ

fogata

چاپنگ بورڈ

tabla de picar

بیلن

palo de amasar

کارک اسکریو

sacacorchos

کین

lata

کین اوپنر

abrelatas

برتن پکڑنےوالا کپڑا

manopla

سنک

pileta

برش

cepillo

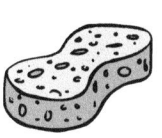

اسپونج

esponja

بلینڈر

batidora

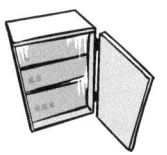

ڈیپ فریز

congelador

بچےکی بوتل

mamadera

ٹونٹی

canilla

غُسل خانہ
baño

calefacción
تولیہ
toalla
شاور
ducha
شاورکرٹن
cortina de ducha
ببل باتھ
baño de espuma
باتھ ٹب
bañadera
واشنگ مشین
lavarropas
شیشہ
vaso
canilla
ٹائلیں
baldosas
پاٹی
pelela
سنک
pileta

ٹائلٹ

inodoro

دوزانوں بیٹھنےوالی ٹائلٹ

letrina

نچلاحصہ دھونےکیلئےپاٹ

bidé

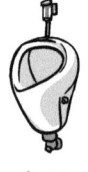

پیشاب گاہ

mingitorio

ٹائلٹ پیپر

papel higiénico

ٹائلٹ برش

cepillo para el inodoro

ٹوتھ برش

....

cepillo de dientes

ٹوتھ پیسٹ

....

dentífrico

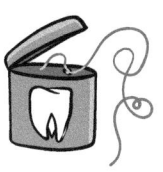

ڈینٹل فلاس

....

hilo dental

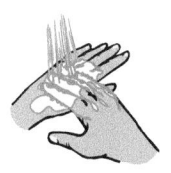

دھونا

....

lavar

ہینڈ شاور

....

ducha de mano

شاور

....

ducha higiénica

بیسن

....

palangana

بیک برش

....

cepillo para espalda

صابن

....

jabón

شاورجل

....

gel de ducha

شیمپو

....

shampoo

فلالین

....

toallita

ڈرین

....

desagüe

کریم

....

crema

ڈیوڈورنٹ

....

desodorante

آئینہ

espejo

ہاتھ میں پکڑا جانےوالا آئینہ

espejito

ریزر

maquinita de afeitar

شیونگ فوم

espuma de afeitar

آفٹرشیو

aftershave

کنگھی

peine

برش

cepillo

ہیئرڈرائر

secador de pelo

ہیئراسپرے

spray

میک اپ

maquillaje

لپ اسٹک

lápiz de labios

نیل وارنش

esmalte para uñas

روئی

algodón

ناخن کاٹنےکی قینچی

tijera para uñas

پرفیوم

perfume

واش بیگ

portacosméticos

پاخانہ

banqueta

وزن کرنےکی مشین

balanza

باتھ روب

bata

ربڑکےدستانے

guantes de goma

ٹیمپون

tampón

سینیٹری ٹاول

toallita femenina

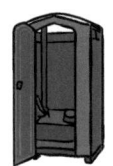

کیمیکل ٹائلٹ

baño químico

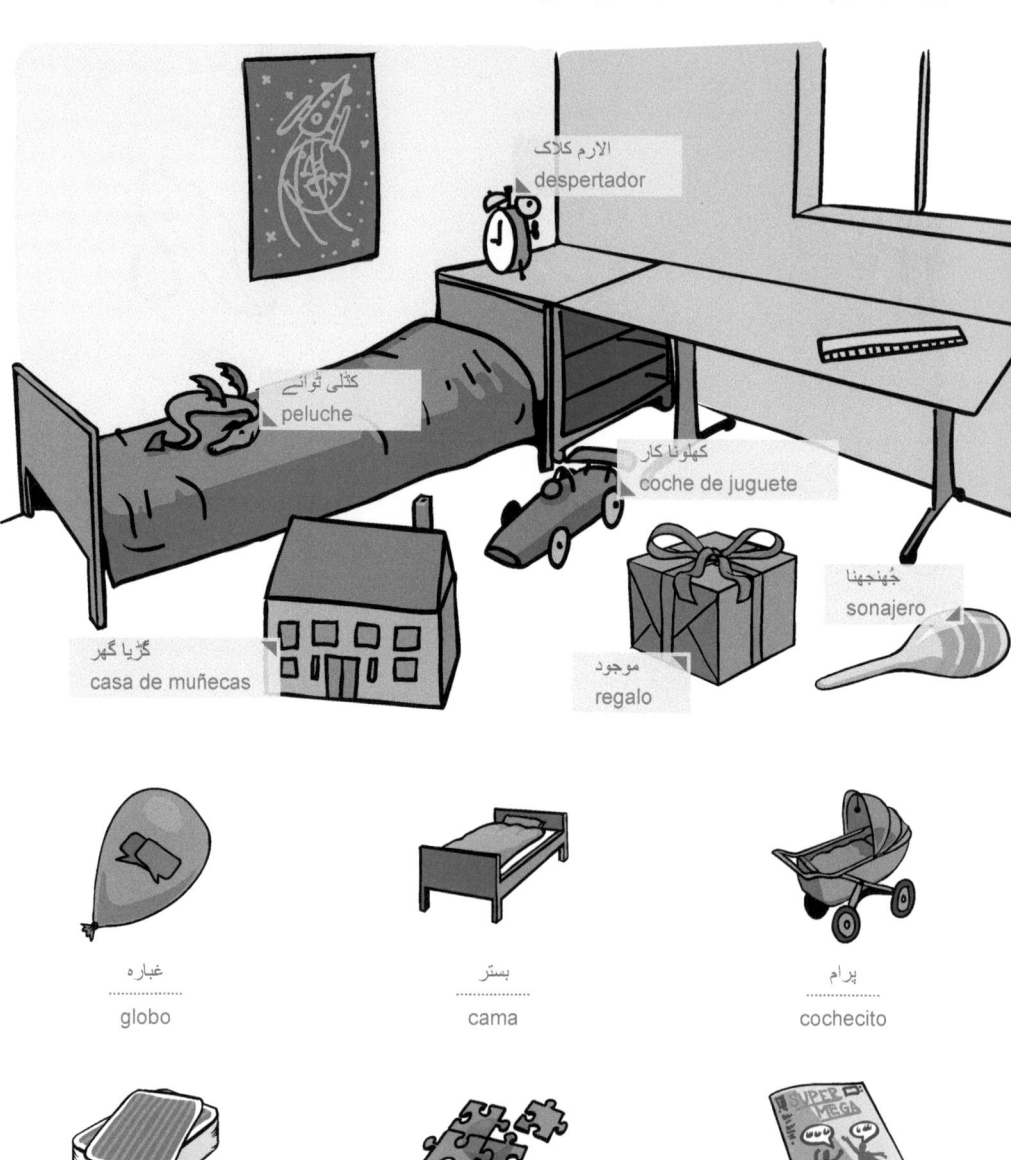

بچوں کا کمرہ

cuarto de los chicos

الارم کلاک
despertador
peluche
کھلونا کار
coche de juguete
جُھنجھنا
sonajero
گڑیا گھر
casa de muñecas
موجود
regalo

غبارہ

globo

بستر

cama

پرام

cochecito

ڈیک آف کارڈز

cartas

جگسا

rompecabezas

کامک

historieta

لیگوبرکس

piezas de lego

کھلونا بلاکس

ladrillos de juguete

ایکشن فگر

figura de acción

بچے کا لباس

enterito (de bebé)

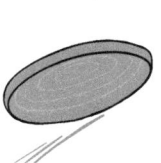

فرسبی

frisbee

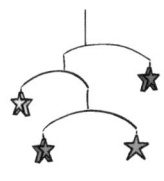

کھلونا موبائل

móvil para bebés

بورڈ گیم

juego de mesa

ڈائس

dados

ماڈل ٹرین سیٹ

tren eléctrico

ڈمی

chupete

پارٹی

fiesta

تصاویر والی کتاب

libro de cuentos ilustrado

گیند

pelota

گڑیا

muñeca

کھیلنا

jugar

سینڈ پٹ

arenero

جھولا جھولنا

hamaca

کھلونے

juguetes

وڈیوگیم کنسول

consola de videojuegos

تین پہیوں والی سائیکل

triciclo

ٹیڈی بیئر

osito de peluche

کپڑوں کی الماری

armario

لباس

ropa

موزے

medias

اسٹاکنگز

medias panty

ٹائٹس

calzas

اسکارف
bufanda

چھتری
paraguas

ٹی شرٹ
remera

بیلٹ
cinturón

اسنیکرز
zapatillas

بوٹ
botas

سلیپر
pantuflas

سینڈل

sandalias

جوتے

zapatos

ربڑ کے بوٹس

botas de goma

زیرجامہ

ropa interior

بریزئیر

corpiño

واسکٹ

chaleco

جسم
....
body

پتلون
....
pantalones

جينز
....
jeans

اسکرٹ
....
pollera

بلاؤز
....
blusa

قميض
....
camisa

پُل اوور
....
pulóver

سويٹر
....
buzo

بليزر
....
blazer

جيکٹ
....
campera

کوٹ
....
tapado

رين کوٹ
....
piloto

کوئی خاص لباس
....
traje

لباس
....
vestido

شادی کا لباس
....
vestido de novia

سوٹ

traje

نائٹ گاؤن

camisón

پائجامہ

pijama

ساڑھی

sari

سرپرلیا جانےوالا اسکارف

pañuelo para cabeza

پگڑی

turbante

بُرقع

burka

کفتان

caftán

عبایہ

abaya

تیراکی کا سوٹ

traje de baño

ٹرنک

short de baño

نیکر

shorts

ٹریک سوٹ

jogging

اپرن

delantal

دستانے

guantes

بٹن

botón

عینک

anteojos

کنگن

pulsera

ہار

collar

انگوٹھی

anillo

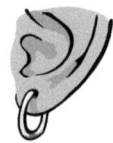

کانوں کی بالیاں

aro

ٹوپی

gorra

کوٹ ہینگر

percha

ہیٹ

sombrero

ٹائی

corbata

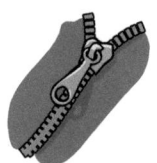

زپ

cierre

ہیلمٹ

casco

بریسز

tiradores

سکول یونیفارم

uniforme escolar

وردی

uniforme

بب

babero

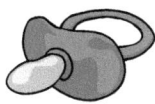

ڈمی

chupete

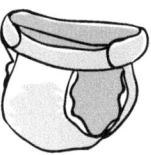

نیپی

pañal

دفتر

oficina

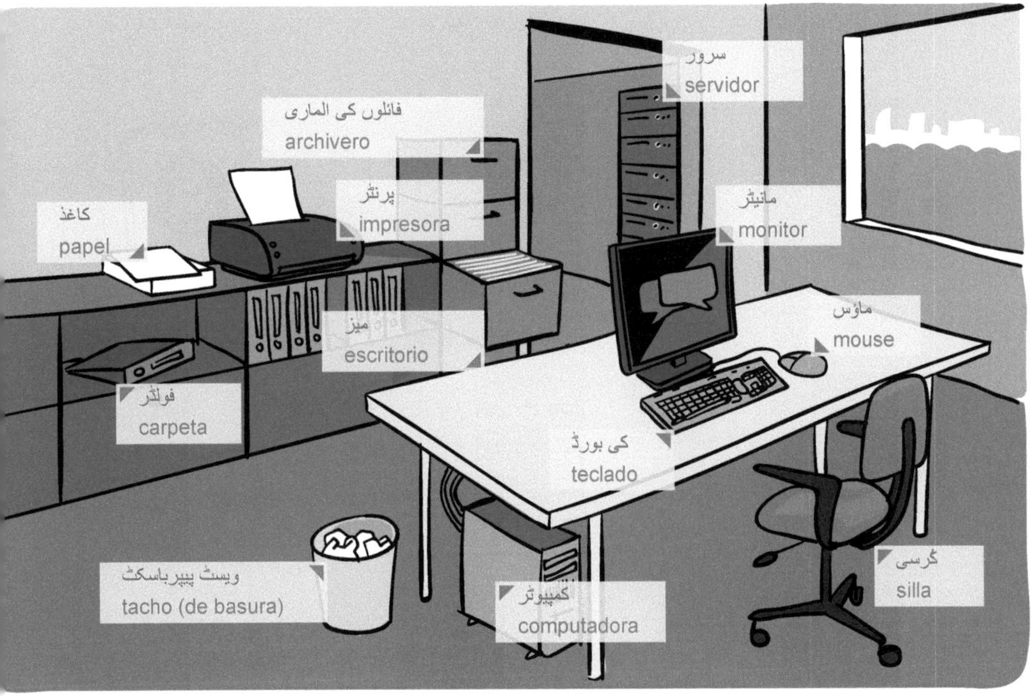

سرور
servidor

فائلوں کی الماری
archivero

مانیٹر
monitor

پرنٹر
impresora

کاغذ
papel

میز
escritorio

ماؤس
mouse

فولڈر
carpeta

کی بورڈ
teclado

ویسٹ پیپر باسکٹ
tacho (de basura)

کمپیوٹر
computadora

گرسی
silla

کافی مگ

taza de café

کیلکولیٹر

calculadora

انٹرنیٹ

internet

لیپ ٹاپ

laptop

خط

carta

پیغام

mensaje

موبائل

celular

نیٹ ورک

red

فوٹوکاپئیر

fotocopiadora

سافٹ ویئر

software

ٹیلی فون

teléfono

پلگ ساکٹ

tomacorriente

فیکس مشین

fax

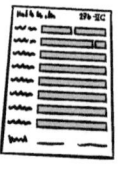

فارم

formulario

دستاویز

documento

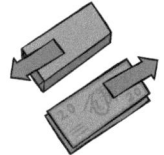

معیشت

economía

خریدنا

....

comprar

ادائیگی کرنا

....

pagar

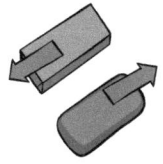

تجارت کرنا

....

hacer negocios

رقم

....

dinero

ڈالر

....

dólar

یورو

....

euro

ین

....

yen

روبل

....

rublo

سوئس فرانک

....

franco suizo

رینمنیبی یوآن

....

yuan

روپیہ

....

rupia

کیش پوائنٹ

....

cajero automático

رقم تبدیل کرانے کیلئے دفتر

casa de cambio

سونا

oro

چاندی

plata

خام تیل

petróleo

توانائی

energía

قیمت

precio

معاہدہ

contrato

ٹیکس

impuesto

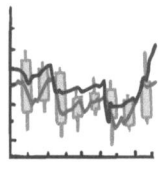

اسٹاک

acción

کام کرنا

trabajar

ملازم

empleado

آجر

empleador

فیکٹری

fábrica

دکان

negocio

پیشے
ocupaciones

پولیس افسر
policía
فائرمین
bombero
خانساماں، کُک
cocinero
ڈاکٹر
médico
پائلٹ
piloto

مالی

jardinero

ترکھان

carpintero

درزن

modista

جج

juez

کیمسٹ

farmacéutico

اداکار

actor

بس ڈرائیور

colectivero

ٹیکسی ڈرائیور

taxista

مچھیرا

pescador

صفائی کرنےوالی عورت

mucama

چھت بنانےوالا

techista

ویٹر

mozo

شکاری

cazador

پینٹر

pintor

بیکر

panadero

الیکٹریشین

electricista

بلڈر

albañil

انجینئیر

ingeniero

قصائی

carnicero

پلمبر

plomero

ڈاکیا

cartero

سپاہی

soldado

آرکیٹیکٹ

arquitecto

کیشئیر

cajero

پھول بیچنےوالا

florista

نائی

peluquero

کنڈکٹر

cobrador

مکینک

mecánico

کپتان

capitán

ڈینٹسٹ

dentista

سائنسدان

científico

یہودی عالم

rabino

امام

imán

راہب

monje

پادری

sacerdote

اوزار
herramientas

پلائرز
tenaza
ہتھوڑا
martillo
پیچ کس
destornillador
ٹارچ
linterna
رینچ
llave

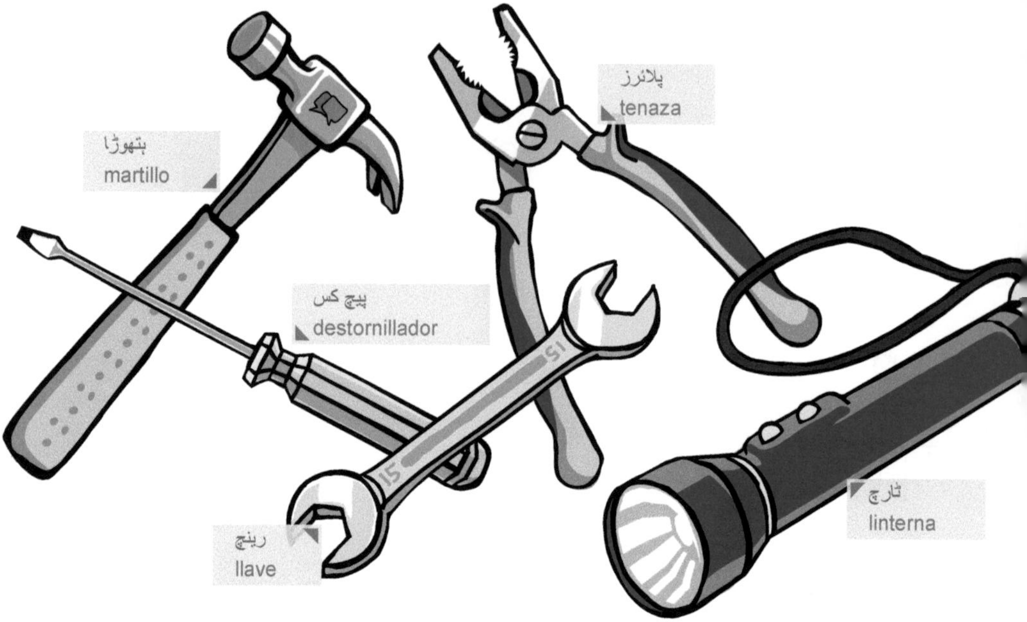

ایکسکویٹر

excavadora

ٹول باکس

caja de herramientas

سیڑھی

escalera portátil

آری

sierra

کیل

clavos

ڈرل

taladro

مرمت کرنا

arreglar

بیلچہ

pala de jardín

لعنت ہو!

¡Qué bronca!

ڈسٹ پین

pala de plástico

پینٹ پاٹ

tacho de pintura

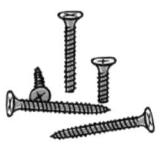

پیچ

tornillos

آلات موسیقی

instrumentos musicales

لاؤڈ اسپیکر
parlante
ڈرم سیٹ
batería
گٹار
guitarra
ڈبل باس
contrabajo
بگل
trompeta

پیانو

piano

وائلن

violín

موسیقی کی آواز

bajo

ٹمپانی

timbales

ڈھول، ڈرمز

tambor

کی بورڈ

teclado

سیکسوفون

saxofón

بانسری

flauta

مائیکروفون

micrófono

آلاتِ موسیقی - instrumentos musicales

چڑیا گھر

zoológico

داخلے کا راستہ
entrada
چیتا
tigre
پنجرہ
jaula
زیبرا
cebra
جانوروں کا چارہ
alimento para animales
پانڈا
oso panda

جانور

animales

ہاتھی

elefante

کینگرو

canguro

گینڈا

rinoceronte

گوریلا

gorila

ریچھ

oso

اونٹ

camello

شُترمُرغ

avestruz

شیر

león

بندر

mono

فلیمنگو

flamenco

طوطا

loro

قطبی ریچھ

oso polar

کبوتر

pingüino

شارک

tiburón

مور

pavo real

سانپ

serpiente

مگرمچھ

cocodrilo

چڑیا گھر کا محافظ

cuidador del zoológico

سیل

foca

امریکی تیندوا

jaguar

ٹٹو

....

poni

چیتا

....

leopardo

دریائی گھوڑا

....

hipopótamo

زرافہ

....

jirafa

عقاب

....

águila

سؤر

....

jabalí

مچھلی

....

pescado

کچھوا

....

tortuga

سمندری گھوڑا

....

morsa

لومڑی

....

zorro

غزال ہرن

....

gacela

کھیلیں

deportes

امریکن فٹ بال
fútbol americano
سائیکلنگ
ciclismo
ٹینس
tenis
باسکٹ بال
básquet
پیراکی
natación
آئس ہاکی
hockey sobre hielo
باکسنگ
boxeo

فٹ بال

fútbol

بیڈمنٹن

bádminton

اتھلیٹکس

atletismo

ہینڈ بال

handball

اسکیئنگ

esquí

پولو

polo

چھلانگ لگانا
altar

گلے لگانا
abrazar

بنسنا
reír

چلنا
caminar

گانا
cantar

خواب دیکھنا
soñar

دُعا کرنا
rezar

چُومنا
besar

لکھنا
escribir

تصویر کشی کرنا
dibujar

دکھانا
mostrar

آگے کی طرف دھکیلنا
presionar

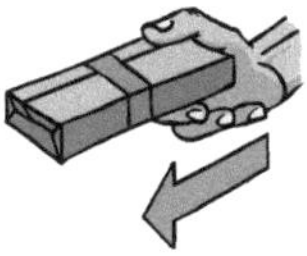

دینا
dar

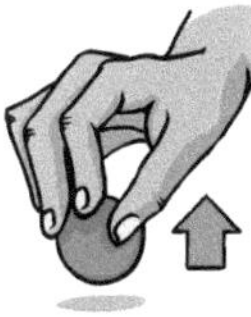

لینا
tomar

رکھنا

tener

کرنا

hacer

ہونا

ser

کھڑا ہونا

estar parado

دوڑنا

correr

کھینچنا

tirar

پھینکنا

tirar

گرنا

caer

جھوٹ بولنا

estar acostado

انتظارکرنا

esperar

اٹھانا

llevar

بیٹھنا

estar sentado

ملبوس ہونا

vestirse

سونا

dormir

جاگنا

despertar

دیکھنا

mirar

رونا

llorar

چوٹ لگانا

acariciar

کنگھی کرنا

peinar

بات کرنا

hablar

سمجھنا

entender

پوچھنا

preguntar

مُتوجہ ہونا

escuchar

پینا

beber

کھانا

comer

صاف کرنا

ordenar

پیار کرنا

amar

پکانا

cocinar

گاڑی چلانا

manejar

اُڑنا

volar

بحری سفرکرنا

navegar

شمارکریں

calcular

پڑھنا

leer

سیکھنا

aprender

کام کرنا

trabajar

شادی کرنا

casarse

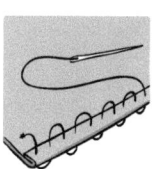

سینا

coser

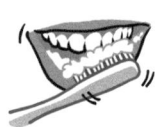

دانت صاف کرنا

cepillarse los dientes

جان سےماردینا

matar

تمباکونوشی کرنا

fumar

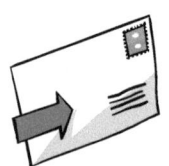

بھیجنا

enviar

دادی
abuela
دادا
abuelo
باپ
padre
madre
طفل
bebé
بیٹی
hija
بیٹا
hijo

مہمان

invitado

چچی

tía

چچا

tío

بھائی

hermano

بہن

hermana

جسم

cuerpo

ماتھا
frente
ojo
کندھا
hombro
انگلی
dedo
چہرہ
cara
ٹھوڑی
pera
ہاتھ
mano
ٹانگ
pierna
چھاتی
pecho
بازو
brazo

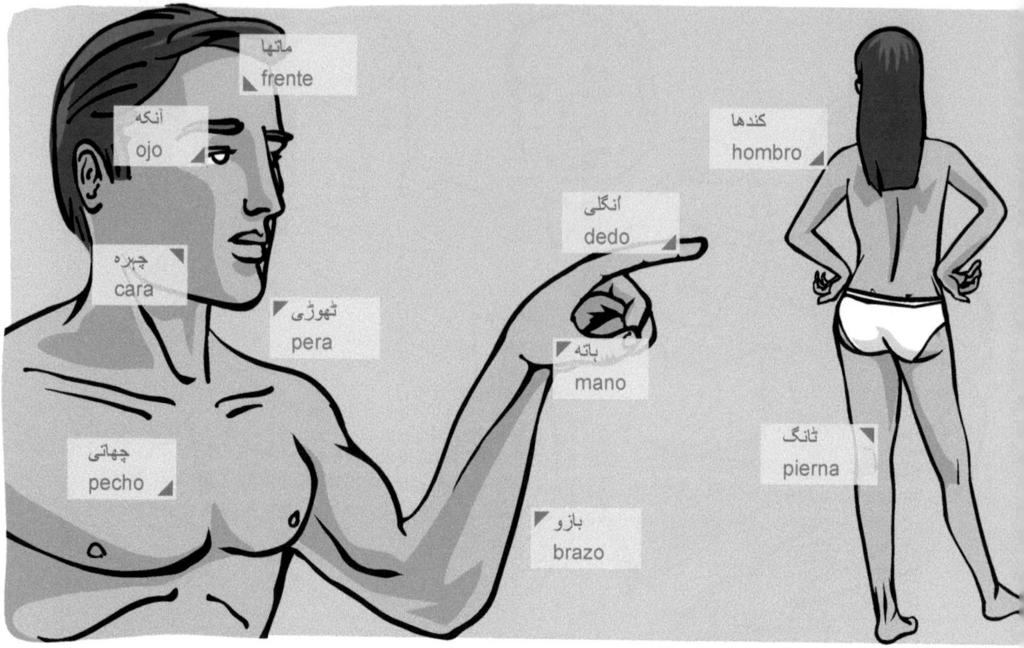

طفل

bebé

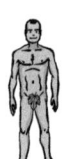

آدمی

hombre

عورت

mujer

لڑکی

nena

لڑکا

nene

سر

cabeza

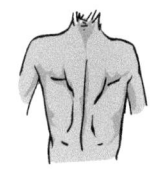

کمر

espalda

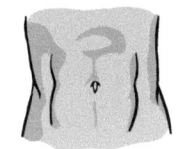

پیٹ

panza

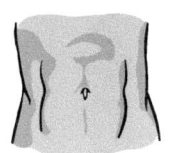

ناف

ombligo

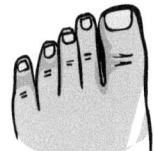

پاؤں کا انگوٹھا

dedo del pie

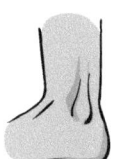

ایڑھی

talón

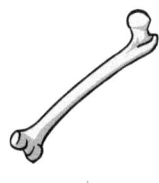

ہڈی

hueso

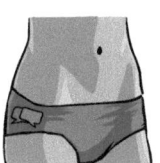

کولہا

cadera

گھٹنا

rodilla

کہنی

codo

ناک

nariz

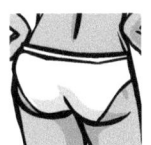

نچلا حصہ

cola

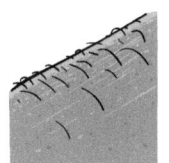

جلد

piel

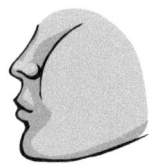

گال

cachete

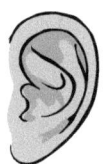

کار

oreja

ہونٹ

labio

مُنہ

boca

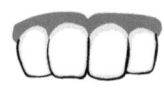

دانت

diente

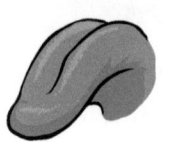

زُبان

lengua

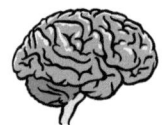

دماغ

cerebro

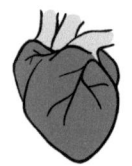

دل

corazón

پٹھہ

músculo

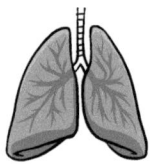

پھیپھڑا

pulmón

جگر

hígado

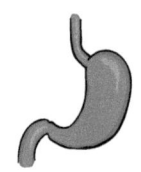

معدہ

estómago

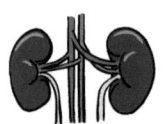

گردے

riñones

جنس

sexo

کنڈوم

preservativo

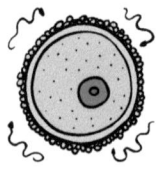

بیضہ

óvulo

مادہ منویہ

semen

حمل

embarazo

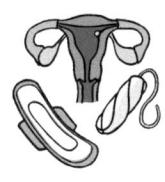

حیض

....

menstruación

اندام نهانی

....

vagina

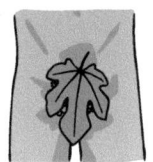

عضوتناسل

....

pene

بهنوین

....

ceja

بال

....

pelo

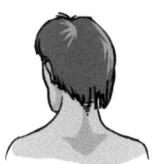

گردن

....

cuello

ہسپتال

hospital

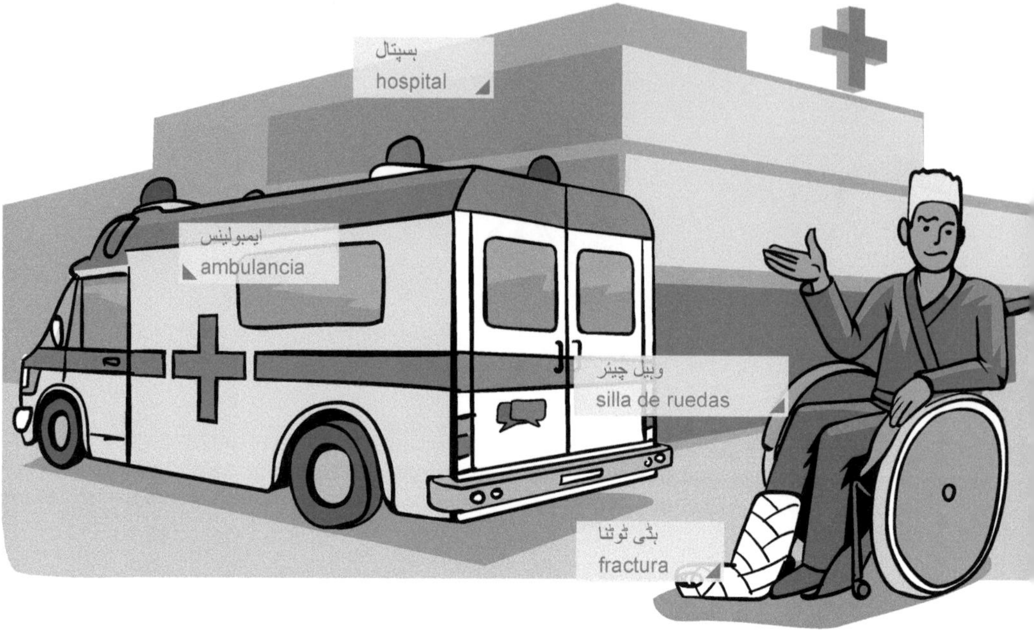

ایمبولینس
ambulancia
وہیل چیئر
silla de ruedas
ہڈی ٹوٹنا
fractura

ڈاکٹر

médico

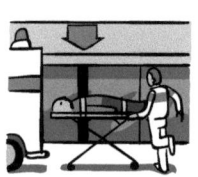

ہنگامی کمرہ

sala de guardia

نرس

enfermera

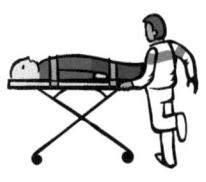

ہنگامی صورتحال

emergencia

بےہوش

inconsciente

درد

dolor

زخم

lesión

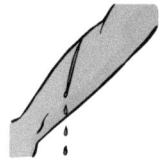

خون بہنا

hemorragia

دل کا دورہ

infarto

فالج

ACV

الرجی

alergia

کھانسی

tos

بخار

fiebre

زکام

gripe

اسہال

diarrea

سردرد

dolor de cabeza

کینسر

cáncer

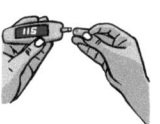

ذیابیطس

diabetes

سرجن

cirujano

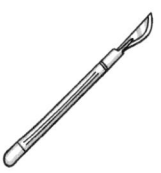

نشتر

bisturí

آپریشن

operación

سی ٹی

TC

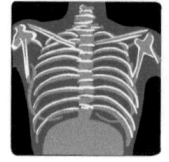

ایکس رے

rayos x

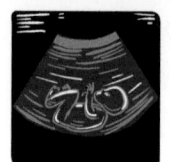

الٹراساؤنڈ

ecografía

چہرے کا نقاب

barbijo

بیماری

enfermedad

انتظارگاہ

sala de espera

بیساکھی

muleta

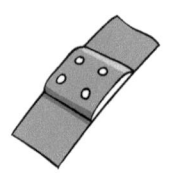

پلاسٹر

curita

پٹی

venda

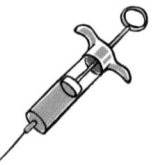

انجکشن

inyección

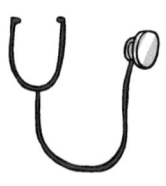

اسٹیتھواسکوپ

estetoscopio

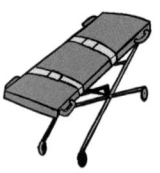

اسٹریچر

camilla

مطبی تھرما میٹر

termómetro

پیدائش

nacimiento

حد سےزیادہ وزن

sobrepeso

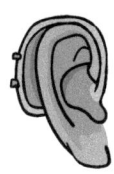

آلہ سماعت

audífono

جراثیم کش

desinfectante

انفیکشن

infección

وائرس

virus

ایچ آئی وی/ ایڈز

VIH / SIDA

دوا

remedio

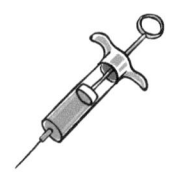

ویکسی نیشن

vacunación

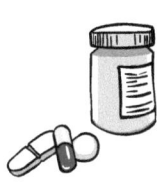

گولیاں

comprimidos

گولی

pastilla anticonceptiva

ہنگامی کال

llamada de emergencia

بلڈ پریشرمانیٹر

tensiómetro

بیمار / صحتمند

enfermo / sano

ہنگامی صورتحال

emergencia

مدد!

¡Ayuda!

الارم

alarma

مُجرمانہ حملہ

agresión

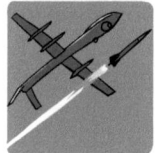

حملہ

ataque

خطرہ

peligro

ہنگامی راستہ

salida de emergencia

آگ!

¡Fuego!

آگ بُجھانےوالہ آلہ

matafuego

حادثہ

accidente

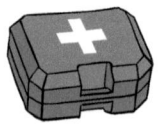

ابتدائی طبی امداد کی کٹ

botiquín de primeros auxilios

ایس اوایس

SOS

پولیس

policía

زمین
Tierra

یورپ
....
Europa

شمالی امریکہ
....
América del Norte

جنوبی امریکہ
....
América del Sur

افریقہ
....
África

ایشیا
....
Asia

آسٹریلیا
....
Australia

بحراوقیانوس
....
Atlántico

بحرالکاہل
....
Pacífico

بحرہند
....
Océano Índico

بحرقُطب جنوبی
....
Océano Antártico

بحرقُطب شمالی
....
Océano Ártico

قُطب شمالی
....
polo norte

قُطب جنوبی
....
polo sur

انٹارکٹیکا
....
Antártida

زمین
....
Tierra

زمین
....
tierra

سمندر
....
mar

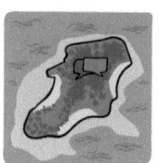

جزیرہ
....
isla

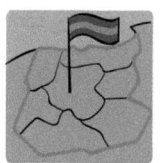

قوم
....
nación

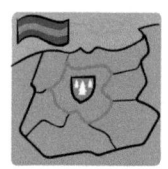

ریاست
....
estado

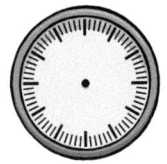

کلاک

reloj

کلاک کا سامنےکا حصہ

esfera

گھنٹوں والی سوئی

manecilla de las horas

منٹوں والی سوئی

minutero

سیکنڈ ہینڈ

segundero

کیا وقت ہوا ہے؟

¿Qué hora es?

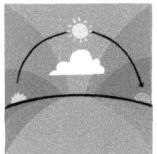

دن

día

وقت

hora

اب

ahora

ڈیجیٹل گھڑی

reloj digital

منٹ

minuto

گھنٹہ

hora

semana

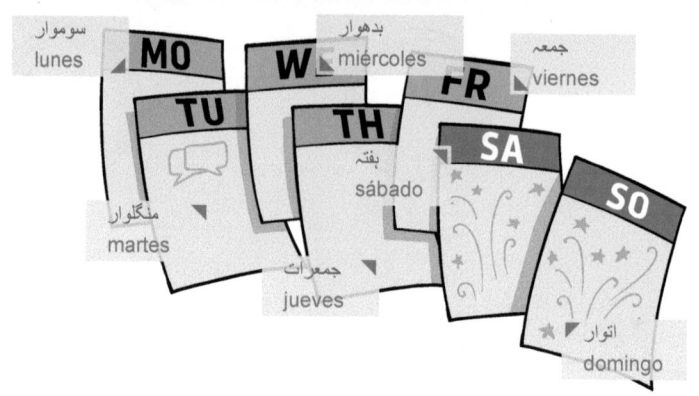

سوموار
lunes

بدهوار
miércoles

جمعه
viernes

منگلوار
martes

جمعرات
jueves

هفته
sábado

اتوار
domingo

گزرا کل
....
ayer

آج
....
hoy

کل
....
mañana

صبح
....
mañana

دوپہر
....
mediodía

شام
....
tarde

MO	TU	WE	TH	FR	SA	SU
1	2	3	4	5	6	7
8	9	10	11	12	13	14
15	16	17	18	19	20	21
22	23	24	25	26	27	28
29	30	31	1	2	3	4

کاروباری دن
....
días hábiles

MO	TU	WE	TH	FR	SA	SU
1	2	3	4	5	6	7
8	9	10	11	12	13	14
15	16	17	18	19	20	21
22	23	24	25	26	27	28
29	30	31	1	2	3	4

هفتےکا اختتام
....
fin de semana

قوس قزح
arco iris

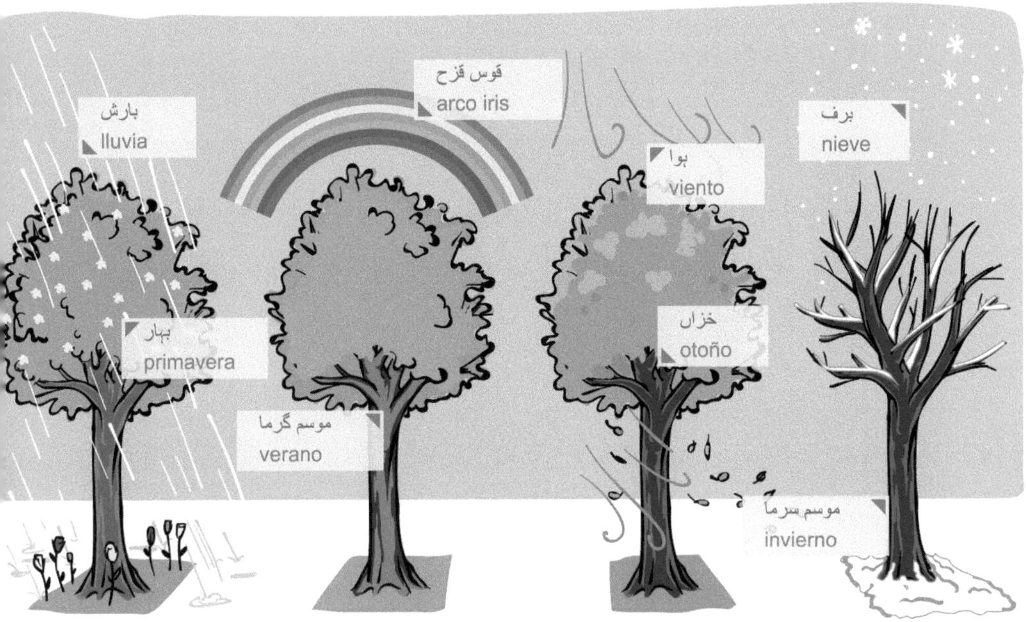

بارش
lluvia

بوا
viento

برف
nieve

بهار
primavera

خزان
otoño

موسم گرما
verano

موسم سرما
invierno

4.APRIL	11°	☀
5.APRIL	4°	☁
6.APRIL	13°	⛅
7.APRIL	8°	❄
8.APRIL	10°	☀

موسمی پیش گونی

pronóstico meteorológico

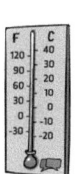

تهرما میٹر

termómetro

دهوپ

luz del sol

بادل

nube

ذُهند

niebla

حبس

humedad

بجلی کوندھنا
rayo

بادلوں کی گرج
trueno

طوفان
tormenta

ژالہ باری
granizo

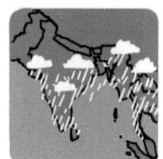

مون سون
monzón

سیلاب
inundación

برف
hielo

جنوری
enero

فروری
febrero

مارچ
marzo

اپریل
abril

مئی
mayo

جون
junio

جولائی
julio

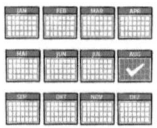

اگست
agosto

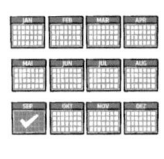

ستمبر

septiembre

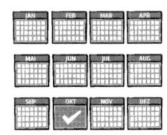

اکتوبر

octubre

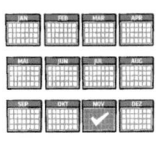

نومبر

noviembre

دسمبر

diciembre

اشکال

formas

دائرہ

círculo

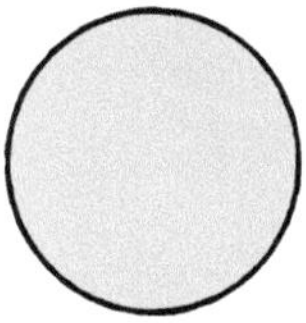

چوکور

cuadrado

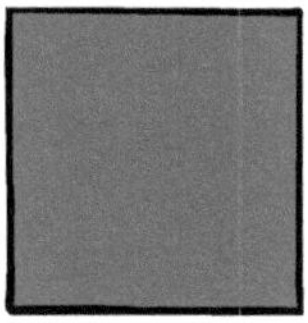

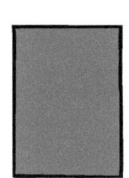

مُستطیل

rectángulo

تکون

triángulo

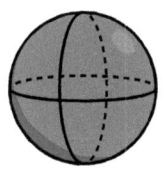

کُرہ

esfera

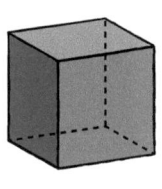

مکعب

cubo

رنگ

colores

سفید

blanco

پیلا

amarillo

نارنجی

naranja

گلابی

rosa

سُرخ

rojo

جامنی

violeta

نیلا

azul

سبز

verde

بھورا

marrón

مٹیالا

gris

سیاہ

negro

مخالف
opuestos

بہت زیادہ / بہت کم

mucho / poco

ناراض / پُرسکون

enojado / tranquilo

خوبصورت / بدصورت

lindo / feo

آغاز / اختتام

principio / fin

بڑا / چھوٹا

grande / chico

روشن / اندھیرا

claro / oscuro

بھائی / بہن

hermano / hermana

صاف / گندا

limpio / sucio

مکمل / نامکمل

completo / incompleto

دن / رات

día / noche

زندہ / مُردہ

muerto / vivo

چوڑا / تنگ

ancho / angosto

کھانے کے قابل ہونا / کھانے کے قابل نہ ہونا
....
comestible / no comestible

بُرا / اچھا
....
malo / amable

پُرجوش / بوریت کا شکار
....
entusiasmado / aburrido

موٹا / دُبلا
....
gordo / flaco

پہلا / آخری
....
primero / último

دوست / دُشمن
....
amigo / enemigo

بھرا ہوا / خالی
....
lleno / vacío

سخت / نرم
....
duro / blando

بوجھل / ہلکا
....
pesado / liviano

بھوک / پیاس
....
hambre / sed

بیمار / صحتمند
....
enfermo / sano

غیرقانونی / قانونی
....
ilegal / legal

عقلمند / بیوقوف
....
inteligente / estúpido

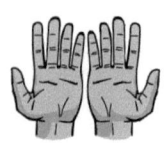

بائیں / دائیں
....
izquierda / derecha

نزدیک / دور
....
cerca / lejos

نیا / پُرانا

nuevo / usado

کچھ نہیں / کچھ ہے

nada / algo

بوڑھا / نوجوان

viejo / joven

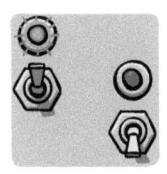

آن / آف

encendido / apagado

کُھلا / بند

abierto / cerrado

خاموش / بُلند آواز

silencioso / ruidoso

امیر / غریب

rico / pobre

ٹھیک / غلط

correcto / incorrecto

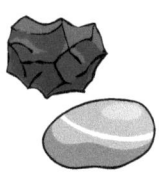

کھُردرا / ہموار

áspero / suave

افسردہ / خوش

triste / contento

مُختصر / طویل

corto / largo

آہستہ / تیز

lento / rápido

گیلا / خُشک

mojado / seco

گرم / ٹھنڈا

caliente / frío

جنگ / امن

guerra / paz

اعداد

números

0	1	2
صفر	ایک	دو
cero	uno	dos
3	4	5
تین	چار	پانچ
tres	cuatro	cinco
6	7	8
چھ	سات	آٹھ
seis	siete	ocho
9	10	11
نو	دس	گیارہ
nueve	diez	once

12

باره
doce

13

تیره
trece

14

چوده
catorce

15

پندره
quince

16

سولہ
dieciséis

17

ستره
diecisiete

18

اٹھاره
dieciocho

19

أنيس
diecinueve

20

بیس
veinte

100

سو
cien

1.000

ہزار
mil

1.000.000

دس لاکه
millón

زبانیں
idiomas

انگریزی

inglés

امریکی انگریزی

inglés americano

چینی مینڈارین

chino mandarín

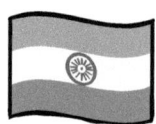

ہندی

hindi

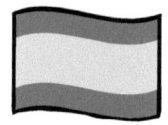

ہسپانوی

español

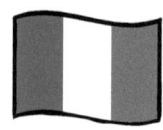

فرانسیسی

francés

عربی

árabe

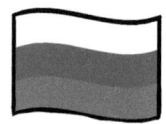

روسی

ruso

پُرتگالی

portugués

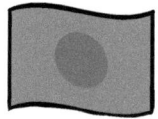

بنگالی

bengalí

جرمن

alemán

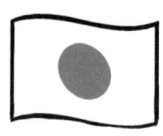

جاپانی

japonés

کون / کیا / کیسے
quién / qué / cómo

میں

yo

تم

vos

وہ (لڑکا) / وہ (لڑکی) / یہ

él / ella

ہم

nosotros

تم

ustedes

وہ

ellos

کون؟

¿quién?

کیا؟

¿qué?

کیسے؟

¿cómo?

کہاں؟

¿dónde?

کب؟

¿cuándo?

HELLO, I AM

نام

nombre

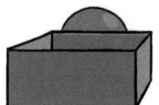

کہاں
dónde

پیچھے

detrás

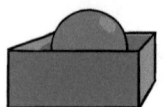

میں

en

کےسامنے

adelante de

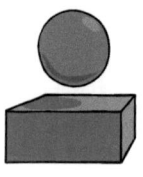

اوپر

por encima de

پر

sobre

نیچے

debajo de

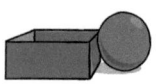

ساتھ

al lado de

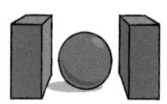

درمیان

entre

جگہ

lugar